HET ULTIEME KAAS RECEPTEN KOOKBOEK

Meer dan 100 fantastische recepten om kaas op onverwachte manieren te gebruiken

Adele De Vries

© COPYRIGHT 2022 ALLE RECHTEN VOORBEHOUDEN Dit document is gericht op het verstrekken van exacte en betrouwbare informatie over het behandelde onderwerp en probleem. De publicatie wordt verkocht met het idee dat de uitgever niet verplicht is om boekhoudkundige, officieel toegestane of anderszins gekwalificeerde diensten te verlenen. Als advies nodig is, juridisch of professioneel, moet een beoefend persoon in het beroep worden besteld.

Het is op geen enkele manier legaal om enig deel van dit document te reproduceren, dupliceren of verzenden in elektronische of gedrukte vorm. Het opnemen van deze publicatie is ten strengste verboden en opslag van dit document is niet toegestaan, tenzij met schriftelijke toestemming van de uitgever. Alle rechten voorbehouden.

Waarschuwing Disclaimer, de informatie in dit boek is naar ons beste weten waar en volledig. Alle aanbevelingen worden gedaan zonder garantie van de auteur of het publiceren van het verhaal. De auteur en uitgever wijzen en aansprakelijkheid af in verband met het gebruik van deze informatie

INVOERING 7

KAAS RECEPTEN 8

1. Zelfgemaakte kaas 8
2. Gebakken kaas 9
3. Kaasbrood 11
4. roomkaas 12
5. Gegrilde kaas 13
6. Cheesecakes 14
7. Kaasmuffins 16
8. Gesmolten kaasplateau 17
9. Kaassoufflé 18
10. kaasbroodje 20
11. Veganistische roomkaas 22
12. kaasbroodje 23
13. Gebakken geitenkaas 25
14. Spinazie met kaas 26
15. kaasbroodjes 27
16. Slakken met kaas 29
17. Bloemkool met kaas 30
18. Rijst met kaas 31
19. Broodjes kaas 33
20. Kaasragout 34
21. Gebakken buffelkaas 35
22. Boterbloem met kaas 37

23. kaassoep 38

24. Taarten met kaas 40

25. Lasagne met kaas 41

26. Asperges met kaas 43

27. Cannelloni met kaas 45

28. Geroosterde tofu-kaas 46

29. Knoflookbrood met kaas 48

30. Champignonpap met kaas 49

31. Tutmanik gevuld met kaas 51

32. Echte zelfgemaakte geitenkaas 53

33. Spinaziecake met kaas 55

34. Taart met roomkaas 56

35. Kip met blauwe kaas 58

36. Bazelse soep met kaas 59

37. Broccoli met blauwe kaas 62

38. Brood met roomkaas 64

39. Kaas met bruisend water 66

40. Gebakken tomaten met kaas 68

41. Aardappelcake met kaas 69

42. Gebakken aardappelen met kaas 70

43. Gesluierde eieren met kaas 72

44. Roomkaas gehaktballetjes 73

45. Kaas in getempereerde braadpan 75

46. Groenten met fetakaas 76

47. Franse broodjes met kaas 77

48. Groentetaart met kaas 78

49. Aardappelen gevuld met kaas 80

50. Snelle pizza met kaas 81

51. Frisdrankbrood met kaas 83

52. Zoete cake met kaas 84

53. Champignons gebakken met kaas 85

54. Sesambrood met kaas 87

55. Tofu-kaaspaté 88

56. Pap met gerookte kaas 89

57. Gevulde aubergines met kaas 91

58. Paassalade met kaas 92

59. Meelpap met kaas 93

60. Tomatenroomsoep met kaas 94

61. Pittige kaassnack 96

62. Melktaart met kaas 98

63. Paprika's met kaas - moussaka 99

64. Franse kaashapjes 101

65. Gestoofde ui met kaas 103

66. Botermuffins met kaas 105

67. Broccoli met gesmolten kaas 106

68. Spinaziemuffins met kaas 108

69. Maïsbedelaar met kaas 110

70. Aardappelkroketten met kaas 111

71. Brood met roomkaas 112

72. Gevulde komkommers met kaas 114

73. Pompoensoep met kaas 116

74. Bruschetta met roomkaas 117

75. Roomkaasroomijs 118

76. Kip met paprika en kaas 119

77. Snelle pasta met gesmolten kaas 121

78. Spiralen van asperges en kaas 123

79. Swiss roll met mascarpone kaas 124

80. Gebakken bananen met Parmezaanse kaas ... 126

81. Aubergine kaviaar en kaas 127

82. Focaccia met kaasvulling 128

83. Geroosterde tomaten met Parmezaanse kaas ... 130

84. Pizza met kaas en aardappelen 131

85. Risotto met raap en kaas 132

86. Kaas met paprika in een braadpan 135

87. Eier- en kaassoep 137

88. Thracische kaas-eieren 139

89. Pudding met bloemkool en kaas 141

90. Salade met aardappelen en kaas 142

91. Kaas- en hambroodjes 145

92. Broccoli met gestoomde kaas 147

93. Dooiersoep met kaas 148

94. Ovenschotel met quinoa en kaas 150

95. Spinazie met ui en kaas 151

96. Varkenssteaks met gesmolten kaas 153

97. Peper- en kaassoep 154

98. Kaas- en sesamtaarten 156

99. Courgettebroodjes met kaas 157

100. Geroosterde kaas in een druivenblad 158

CONCLUSIE 159

INVOERING

Als je op elk pastagerecht Parmezaanse kaas strooit en op je boterham liever Emmentaler dan worst hebt, ben je hier aan het juiste adres: of het nu gaat om romige camembert, pittige bergkaas of smeltende mozzarella, koud of warm, hartig of zoet, om te gratineren of als vulling - hier vind je een schat aan nuttige informatie, tips & tricks en een selectie van onze beste kaasrecepten. De recepten variëren van hartige kaasspätzle tot pittige cheese jelly cake tot klassieke New Yorkse cheesecake en zijn vele variaties.

KAAS RECEPTEN

1. Zelfgemaakte kaas

NOODZAKELIJKE PRODUCTEN

- verse melk - 10 liter verse schapen
- mei -1 eetlepel voor kaas (20 druppels / 20 ml)
- Zout - 200 g per 1 liter water als vervanging voor zouten + 120 g per 1 liter water als vervanging voor opslag

METHODE VAN VOORBEREIDEN

1. De verse schapenmelk wordt gefilterd en ongeveer 10 minuten verwarmd tot 70 graden en mag niet koken. Laat het daarna afkoelen tot 33-34 graden. De gist vooraf verdund met gekookt en afgekoeld water in een verhouding van 1. toegeven: tien.
2. Roer goed en laat de melk 1 uur op deze temperatuur stremmen, giet dan kaasdoek erbij en laat 2 uur uitlekken, waarbij de wei wordt gescheiden.
3. Doe de kaas vervolgens in een zeef en knijp hem uit met gewichten, laat hem minimaal 6 uur rusten, snijd hem dan in stukjes en week hem als zout.
4. Voor de eerste sintering heb je 1 liter water en 200 g zout nodig, waarin de kaas minimaal 24 uur moet rusten, en vervolgens naar de tweede overbrengen voor opslag, die wordt bereid uit 120 g zout per 1 liter water in een ruimte met een temperatuur van ongeveer 10 graden.
5. De kaas is na 60 dagen eetklaar en kan in de koelkast worden bewaard.

2. Gebakken kaas

NOODZAKELIJKE PRODUCTEN

- Kaas - 500-600 g harde pekel ▢ rode peper - 1 eetl. ▢ Rozemarijn - 1 - 2 el ▢ stevig - 1 el. ▢ Tijm - 1 eetl.
- Olijfolie - 3 el.

METHODE VAN VOORBEREIDEN

1. Snijd de kaas in 4-5 rechthoeken. Bestrijk elk stuk met een beetje olijfolie en bestrooi gelijkmatig met wat van de kruiden.
2. Wikkel de stukjes kaas in aluminiumfolie en bak ze in de voorverwarmde oven of grill. Bak ongeveer 10-15 minuten. Serveer de gebakken kaas direct met de folie en garneer met gesnipperde verse uien en verse groenten.

3. Kaasbrood

NOODZAKELIJKE PRODUCTEN

- Kaas - 500 g ☐ Olie - 3 theel.
- Bier - 100 ml ☐ Eieren - 4 - 5 stuks
  ☐ Paneermeel - 1 theel.
- Meel - 2 theel.
- Zout - 2 snuifjes

METHODE VAN VOORBEREIDEN

1. Scheid de eiwitten van de dooiers. Klop de eidooiers los met het bier en voeg bloem toe tot je een heel dikke pasta krijgt. Klop vervolgens het eiwit met een snufje zout en voeg voorzichtig toe aan de eidooier.
2. Verhit de olie in een diepe pan en snijd de kaas in stukjes van de gewenste grootte, die 15 minuten in de koelkast heeft gelegen. Rol elk stuk in het mengsel, draai dan in paneermeel en bak aan beide kanten.
3. Als je een dikkere paneermeel wilt, rol dan twee keer door het mengsel en door paneermeel. Laat de afgewerkte kaas uitlekken op keukenpapier. Serveer met een bijgerecht naar keuze.

4. roomkaas

NOODZAKELIJKE PRODUCTEN

- verse melk - 1 liter
- Kaasgist - 5 druppels

METHODE VAN VOORBEREIDEN

1. Gebruik natuurlijke echte melk, niet uit de winkel!
2. Verwarm de melk tot ca. 40 graden, voeg de gist toe, roer. Hij blijft ongeveer 1 uur in de rechtbank.
3. Giet in een kaasdoek. Giet de wei af. Dan zout en, zoals op een kaasdoek, ongeveer 1 uur tussen twee houten planken aandrukken.
4. Verwijder ten slotte het kaasdoek en snijd in porties.

5. Gegrilde kaas

NOODZAKELIJKE PRODUCTEN

- Kaas - 300 g ☐ Meel - 1 eetl.
- Tomaten - 1 st. ☐ Peterselie - fijngehakt
☐ Boter - 1 eetl.

METHODE VAN VOORBEREIDEN

1. Verwarm de sacha goed en voeg de olie toe.
2. Snijd de kaas in rechthoekige stukken en rol ze aan alle kanten door de bloem.
3. Bak de kaas in de verwarmde boter tot hij een mooi krokant korstje heeft.
4. Haal de sacha van het vuur en leg de in plakjes gesneden tomaten rond de kaas.

5. Bestrooi met zout en fijngehakte peterselie.

6. Cheesecakes

NOODZAKELIJKE PRODUCTEN

- yoghurt - 1/2 theel. ☐ eieren - 1 stuk ☐ zout - 1 theel.
- suiker - 1 theel.
- olie - 1 eetl.
- bakpoeder - 1 theel.
- bloem - 2 - 2 en 1/2 theel.
- kaas - 200 g

METHODE VAN VOORBEREIDEN

1. Meng de yoghurt, het ei, de suiker, het zout, de olie in een kom en klop ze goed met een garde.
2. Kneed het deeg geleidelijk en voeg de gezeefde bloem met het bakpoeder toe. Je zou een zacht, licht plakkerig deeg moeten krijgen.
3. Breng het over naar een met bloem bestoven aanrecht en vorm het tot een rol, die je in 10 stukken moet snijden. Van hen vormen heerlijke taarten, met een beetje kaas in het midden.
4. Druk de randen goed aan en rol ze op de kookplaat om de cheesecakes glad te maken.
5. Bak de zelfgemaakte cheesecakes in heet vet op laag vuur. Verwijder de afgewerkte taarten op een rooster. Serveer voor het ontbijt.

7. Kaasmuffins

NOODZAKELIJKE PRODUCTEN

- Eieren - 1 stuk
- Bakpoeder - 3 - 4 theel.
- Zout - 1/2 theel.
- Suiker - 1/2 theel. ◻ Oregano - 1/4 theel. of stevig ◻ Yoghurt - 3/4 theel.
- Boter - 2 el.
- Meel - 2 theel.
- Kaas - 2/3 theel. Gebroken
- Olijven - 1/3 theel. knippen, optioneel

METHODE VAN VOORBEREIDEN

1. Verwarm de oven voor op 180 graden en bereid 12 muffinvormpjes voor door ze licht in te vetten.
2. Meng de gezeefde bloem met bakpoeder, zout, suiker en oregano.
3. Klop het ei apart met de yoghurt los en voeg dan de kaas en olijven toe.
4. Voeg het bloemmengsel toe aan dit mengsel, onder voortdurend roeren.
5. Verdeel het kaasmuffinbeslag in de vormpjes.
6. Vul de muffins zonder over te lopen tot 1-2 vingers onder de rand (afhankelijk van de vorm).
7. Bak gedurende 15-20 minuten.

8. Gesmolten kaasplateau

NOODZAKELIJKE PRODUCTEN

- gesmolten kaas - 1 st.
- Meel - 200 g
- cornflakes
- Eieren - 2 stuks.
- Water - met ijs

METHODE VAN VOORBEREIDEN

1. Snijd de gesmolten kaas in plakken van ongeveer 1 cm dik.
2. Dompel ze in koud water, dan in bloem, eieren en cornflakes.
3. Bak in olie op hoog vuur. Verwijder de bereide gepaneerde kaas op papier.
4. Het gesmolten plakje kaas werd geserveerd als voorgerecht of wijnvoorgerecht.

9. Kaassoufflé

NOODZAKELIJKE PRODUCTEN

- yoghurt - 250 g ▯ rijst - 300 g
- kaas - 150 g
- olie - 50 g
- eieren - 3 stuks.
- peper

METHODE VAN VOORBEREIDEN

1. De rijst wordt gekookt in melk verdund met 300 ml. water.
2. Na afkoeling mengen met de opgeklopte boter, waaraan we een voor een de dooiers, geraspte kaas, opgeklopte eiwitten, zwarte peper en zout hebben toegevoegd.
3. Giet het mengsel in een ingevette pan en rasp de gele kaas erover en bak.

10. kaasbroodje

NOODZAKELIJKE PRODUCTEN

- Water - 1,5 theelepel.
- Olie - 1 el
- Meel - 1,5 tl
- Kaas - geplet 250 g ▢ Eieren - 2 st.
- peper
- Olie om te frituren

METHODE VAN VOORBEREIDEN

1. Breng het water aan de kook en voeg de olie toe. Giet de bloem er in één keer bij en meng snel tot een glad beslag.
2. Voeg de kaas toe en haal van het vuur. Voeg als het afgekoeld is de losgeklopte eieren toe. Verhit de olie, schep het mengsel op met een natte lepel en bak de rolletjes.
3. Serveer de broodjes met meer kaas en jam.

11. Veganistische roomkaas

NOODZAKELIJKE PRODUCTEN

- Sojamelk - 1 liter
- Appelciderazijn - 1 theel.
- Olijfolie - 1 eetl.
- Himalayazout - 1 theelepel.
- Knoflookpoeder - 1/2 theelepel.
- Dillepoeder - 1/2 theelepel.
- witte peper - 1/2 theel.
- Peterselie - 1 eetl. vers

METHODE VAN VOORBEREIDEN

1. Doe de sojamelk in een geschikte pan en breng aan de kook op middelhoog vuur.
2. Voeg, nadat de melk kookt, de appelciderazijn toe en begin voorzichtig te roeren.
3. Het doel is om de melk te snijden en zoiets als kwark te krijgen.
4. Giet de resulterende kaas in de kaasdoek en laat goed uitlekken.
5. Na het uitlekken, overgieten in een geschikte kom, olijfolie en kruiden toevoegen aan de zelfgemaakte roomkaas en goed roeren tot een gladde en fijne veganistische roomkaas is verkregen.

12. kaasbroodje

NOODZAKELIJKE PRODUCTEN

- Yoghurt - 1 theel.
- Olie - 120 g
- Eieren - 1 st.
- Bakpoeder - 1 theel.
- Zout - 1½ theelepel
- Meel - ongeveer 1 kg ☐ Eieren - 2 st.
- Kaas - 100 g

METHODE VAN VOORBEREIDEN

1. Kneed een zacht deeg voor bloem-, ei- en yoghurtbroodjes, waarin we soda, zout en olie kloppen.
2. Verdeel het deeg in tweeën en rol vellen van ongeveer 1 cm dik uit en snij in vierkanten van 5 x 5 cm.
3. Maak een vulling van twee eieren en geraspte kaas. Leg op elk stuk een deel van de vulling in een hoek en rol het diagonaal op als een broodje.
4. Bestrijk de opgerolde broodjes met ei en bak ze in een matige oven.

13. Gebakken geitenkaas

NOODZAKELIJKE PRODUCTEN

- geitenkaas - 120 g ◻ olijfolie - 1 eetl.
- rode peper - 1/2 theel.
- tomaten - 1 st.

METHODE VAN VOORBEREIDEN

1. Op de bodem van een pan of pan waarin de kaas wordt gebakken, druppelt u een beetje olijfolie.
2. Snijd van de kaas een bord of een plak en leg deze in een ingevette pan.
3. Bestrooi de kaas met paprikapoeder en nog wat olijfolie.
4. De tomaat wordt ook in plakjes gesneden, die aan de boven- en zijkanten van de geitenkaas worden gerangschikt.
5. Zet in de oven en bak op 200 graden tot ze zacht zijn en de randen van de tomaten bruin beginnen te worden.
6. Gebakken kaas wordt nog warm geconsumeerd en is een ideaal aperitief voor rode wijn.

14. Spinazie met kaas

NOODZAKELIJKE PRODUCTEN

- Spinazie - 1 kg
- Kaas - 250 g
- verse melk - 220 ml ▢ Eieren - 2 st.

▢ Boter - 70 g**METHODE VAN VOORBEREIDEN**

1. Maak de spinazie schoon en was hem, snij in kleine stukjes en stoof in olie en een beetje water. Klop de eieren los en voeg de geraspte kaas toe. Verdunnen met melk.
2. Doe de gestoomde spinazie in een ingevette pan, breng op smaak met zout en giet bovenstaand mengsel erover.
3. Schenk de rest van de boter er in stukjes over. Bak in de oven. Je kunt de kaas

gemakkelijk vervangen door gele kaas of kwark.

15. kaasbroodjes

NOODZAKELIJKE PRODUCTEN

- Meel - 120 g
- Olie - 90 g
- Water - 225 ml
- Breek eieren - 3 stuks
- Zout - 1 snuifje

VOOR DE VULLING

- Gruyère - 75 g
- mentaal - 75 g

- Eieren - 1 st. Gebroken ☐ Brandy - 2 theel.
- Eigeel - 1 st. Gebroken

METHODE VAN VOORBEREIDEN

1. Zeef de bloem met het zout. Smelt de boter in het water en breng aan de kook. Haal van het vuur en meng met bloem. Slaan tot dat het glad is.
2. Laat afkoelen en voeg de losgeklopte eieren toe. Vorm van het resulterende deeg balletjes ter grootte van een walnoot en bak in een voorverwarmde oven op 220 graden gedurende 10-15 minuten.
3. Om plakken te voorkomen, op ingevet bakpapier leggen en bakken. Haal ze uit de oven en verlaag de temperatuur naar 200 graden.
4. Klop voor de vulling de geraspte kaas met het ei en de cognac. Maak een gaatje in het broodje en vul het met het mengsel. Bestrijk met de eidooier en zet 5 minuten terug in de oven om te bakken. Serveer onmiddellijk.

16. Slakken met kaas

NOODZAKELIJKE PRODUCTEN

- Taartbodems - 1 pak ☐ Boter - 1 zakje ☐ Eieren - 3 st.
- Kaas - 150 g

METHODE VAN VOORBEREIDEN

1. Vet elke korst in met gesmolten boter. Stapel ze op elkaar en rol ze tot een stevige rol.
2. Snijd de rol in cirkels en leg ze in een ingevette bakvorm. Klop de eieren los en meng met de geraspte kaas en de resterende boter.
3. Giet over de pasteitjes in de pan en bak in een matige oven.

17. Bloemkool met kaas

NOODZAKELIJKE PRODUCTEN

- Kool - 2 kg bloemen
- Boter - 100 g vers
- Kaas - 150 g (of 100 g gele kaas)
- Peterselie - ½ verbinding
- Zout naar smaak

METHODE VAN VOORBEREIDEN

1. Bloemkool geschild en gewassen / bloemkool / in takken gesneden en gekookt in gezouten water tot ze zacht zijn.
2. Het kan in zijn geheel worden gekookt en vervolgens worden gesneden.
3. Giet het water af, giet de hete gesmolten boter erbij en bestrooi met geraspte kaas of gele kaas.

4. Garneer met een takje peterselie en serveer.

18. Rijst met kaas

NOODZAKELIJKE PRODUCTEN

- rijst - 8 el.
- kaas - 3 theel. gebroken
- tomaten - 500 g
- knoflook - 2 koppen
- olie - 20 g
- olie - 1 pak. (125 gram)
- paneermeel - 3 - 4 el.
- laurierblaadjes - 1 st.
- peterselie - 1/2 aansluiting
- peper

METHODE VAN VOORBEREIDEN

1. Was de rijst voorzichtig onder een sterke stroom koud water. Kook het in 2 theel. gezouten water en giet de overtollige vloeistof af.
2. Kook de tomaten kort in kokend water, pel ze en rasp ze. Snijd de ui fijn en stoof met de hete olie. Voeg als de ui zacht wordt de tomaten, het laurierblad en de fijngehakte peterselie toe. Kook de tomatensaus tot het water verdampt en indikt.
3. Voeg 1/2 van de boter toe aan de bereide tomatensaus en zout met peper en zout.
4. Leg in een voor ingevette pan een laag rijst, een laag tomatensaus en een laag geraspte kaas. Wissel af tot de producten op zijn en eindig met een laagje kaas.
5. Bestrooi de schaal met het fijngemalen paneermeel en giet de rest van de boter die we op het fornuis hebben gekookt. Bak de rijst met kaas ongeveer 30 minuten in een voorverwarmde oven op 180

graden.

19. Broodjes kaas

NOODZAKELIJKE PRODUCTEN

- Kaas - 200 g   Eieren - 2 st.
- Brood - witte sneetjes
- Boter - koe
- paprika

METHODE VAN VOORBEREIDEN

1. Pureer de kaas in een diepere kom, voeg de eieren, een halve theelepel water en een snufje paprikapoeder toe en meng goed.
2. Bestrijk de plakjes dun met olie en verdeel het mengsel erover.
3. Bak tot ze goudbruin zijn.
4. In plaats van rode peper kunnen ook andere kruiden worden gebruikt.

20. Kaasragout

NOODZAKELIJKE PRODUCTEN

- tomaten - 1 kg
- kool - 1 middelgrote kool ▢ rijst - 2 theel.
- boter - 1 pakje koe
- ui - 2 koppen
- kaas - 1 1/2 theel. ▢ peterselie - 1/2 aansluiting ▢ eieren - 3 st.
- verse melk - 1 theel.

METHODE VAN VOORBEREIDEN

1. Fruit de ui in de helft van de olie, voeg de rijst toe en bak een paar minuten mee. Voeg een fijngehakte tomaat toe, giet 2 kopjes heet water en breng aan de kook op laag vuur. Snijd de overige tomaten in plakjes.
2. Maak de kool schoon, verwijder de kolf zodat de bladeren achterblijven, die worden overspoeld met kokend water om te verzachten. Leg in een ingevette pan plakjes tomaat erop - een rij koolbladeren. De helft van de rijst gemengd met de kaas en peterselie werd op de koolbladeren uitgesmeerd.
3. Bedek met een rij koolbladeren en leg er een rij tomaten op. Besprenkel met de resterende gesmolten boter. Bak 20-30 minuten in een voorverwarmde matige oven. Klop de eieren los met de melk en giet over de gebakken ragout. Keer terug naar de oven om goudbruin te bakken.

21. Gebakken buffelkaas

NOODZAKELIJKE PRODUCTEN

- Knoflook - 2 koppen
- Buffelkaas - 200 g ☐ Tomaten - 2 st.
- gele kaas - 70 g
- peper
- olijfolie

METHODE VAN VOORBEREIDEN

1. Doe een beetje olijfolie op de bodem van de pan waarin je de kaas wilt bakken. Schil en snijd een ui in ringen.
2. Doe in een ingevette pan en leg de gesneden buffelkaas erop. Snijd de tomaten in plakjes en verdeel ze over de kaas. Bestrooi met gemalen zwarte peper en werk af met gele kaas.
3. In dit geval is de gele kaas kant-en-klare plakjes. De kaas wordt ongeveer 20 minuten op 200 graden gebakken.
4. Serveer de gebakken kaas als voorgerecht.
5. Zeer smakelijke en geurige gebakken buffelkaas.

22. Boterbloem met kaas

NOODZAKELIJKE PRODUCTEN

- Paprika - 15 st. Rood
- Kaas - 300 g
- verse melk - 3 el.
- peper

METHODE VAN VOORBEREIDEN

1. Maak de paprika's schoon van de steeltjes en zaden. Bak ze, fruit ze kort in een plastic zak en schil ze.
2. Gepelde paprika's worden fijngehakt, gezouten en geplet in een houten vijzel. Voeg met een vork de geraspte kaas, de verse melk toe en roer alles tot een homogene massa.
3. Als je wilt, kun je wat zwarte peper toevoegen aan deze boterbloem met kaas.
4. Serveer de bereide hete saus met zelfgebakken brood.

23. kaassoep

NOODZAKELIJKE PRODUCTEN

- Ui - 2 stropdassen ◻ Olie - 2 el.
- Meel - 2 s. L.
- Brood - 600 ml.
- verse melk - 400 ml.
- Kaas - 300 g.
- Eieren - 1 st.
- Crème - 100 g.
- Hartig
- Peterselie
- peper

METHODE VAN VOORBEREIDEN

1. De fijngesnipperde ui wordt gestoomd in olie, de bloem wordt toegevoegd en de bouillon en melk worden toegevoegd, onder voortdurend roeren.
2. Kook 5 minuten, voeg dan de geraspte kaas toe en roer. Zout met zwarte peper, breng op smaak met kruiden.
3. Vul aan met losgeklopt eigeel en bestrooi met peterselie.

24. Taarten met kaas

NOODZAKELIJKE PRODUCTEN

- water - 1,5 theelepel. ☐ boter - 50 g.
- zout - 1 snuifje
- zwarte peper - 1 snuifje ☐ bloem - 125 g.
- eieren - 2 stuks.
- kaas - 100 g of gele kaas

METHODE VAN VOORBEREIDEN

1. Doe het water, de olie, zout en peper in een pan op het vuur. Als het kookt, giet je alle bloem in één keer en meng je met een houten lepel tot er een deeg ontstaat. Haal dan van het vuur en laat afkoelen, voeg vooraf de kaas toe.
2. Voeg vervolgens één voor één de eieren toe en roer tot een homogeen mengsel is verkregen.
3. Maak met een spuit kleine pasteitjes, die op een afstand in een ingevette pan worden gerangschikt en in een gematigde oven worden gebakken. De pasteitjes zwellen op en verdubbelen bijna in volume. Serveer warm.

25. Lasagne met kaas

NOODZAKELIJKE PRODUCTEN

- Korsten - klaar voor lasagne ☐ Meel - 3 el.
- verse melk - 500 ml
- Boter - 2 el. ten volle
- Eieren - 3 stuks
- Kaas - ongeveer 250 g
- gesmolten kaas - 150 g
- gele kaas - 250 g
- Tomaten - 2 stuks, optioneel
- peper
- Kerrie - 1 theel.
- Basilicum - 1 theel.

METHODE VAN VOORBEREIDEN

1. Kook de lasagneschalen in kokend water met een beetje zout en vet.
2. Verhit de boter in een pan, bak de bloem erin en verdun geleidelijk met verse melk, onder voortdurend roeren.
3. Voeg in de resulterende bechamelsaus de geraspte witte kaas en de gesneden gesmolten kaas toe. Breng op smaak met kerrie, zout en peper.
4. Laat de saus een beetje afkoelen en meng met de losgeklopte eieren, pas op dat je ze niet kruist.
5. Vet een kleine pan in en giet er wat van de saus in. Leg de korstjes erop, giet de saus erover, bestrooi met geraspte kaas, verdeel eventueel tomatenringen en schil opnieuw. Schik tot de producten opgebruikt zijn en giet dan de saus erbij.
6. Bestrooi met basilicum en wat gesmolten boter of olijfolie, bestrooi met een beetje kerrie en bak een half uur in de voorverwarmde oven.
7. Bestrooi vlak voor het verwijderen van de lasagne met kaas met gele kaas, bak en haal uit de oven.

26. Asperges met kaas

NOODZAKELIJKE PRODUCTEN

- Asperges - 500 g
- Kaas - 200 g
- Cottage cheese - 100 g wilde ui - 2 el. gehakt
  ☐ Olie - 1 - 2 el.
- Melk - 100 ml
- rode peper - 3 snuifjes
- Parmezaanse kaas - 1 eetl. geraspt, optioneel

METHODE VAN VOORBEREIDEN

1.
Schil de asperges en kook in heet water en melk ongeveer 6 minuten. Giet af en breng over naar een licht ingevette pan. Meng de geraspte kaas, kwark en gehakte bieslook en verdeel over de asperges.
2. Smelt de boter en giet deze over de pan en bestrooi met paprikapoeder. Voeg eventueel geraspte Parmezaanse kaas toe. Bak in een voorverwarmde matige oven tot het smakelijk bruin is.

27. Cannelloni met kaas

NOODZAKELIJKE PRODUCTEN

- Pasta - 1 doos cannelloni
- Kaas - 400 g
- Parmezaanse kaas - 50-60 g, geraspt
- Blauwe kaas - 50-60 g geraspt
- Eieren - 2 stuks
- Tomaten - 400 g vers of uit blik ▢ gele kaas - 150 g ▢ olie - 1 eetl.
- Ui - 1 ui
- zwarte peper - naar smaak
- dille
- Parsely
- basilicum

METHODE VAN VOORBEREIDEN

1. Klop de eieren los met geraspte kaas, geraspte blauwe kaas en Parmezaanse kaas, fijngehakte dille en peterselie, zout en peper. Vul de voorgeweekte cannelloni met het resulterende mengsel.
Leg ze in een ingevette pan.
2. Verhit de olie in een pan en fruit de fijngesnipperde ui. Tomaten toevoegen en ongeveer 5 minuten laten sudderen. Breng op smaak met gehakte verse basilicum, maar eventueel droog naar smaak.
3. Besprenkel de cannelloni met de tomatensaus en bak in de voorverwarmde oven op 200 graden voor ongeveer 40 minuten. Bestrooi met geraspte gele kaas voordat u het uit de oven haalt en opnieuw bakt.

28. Geroosterde tofu-kaas

NOODZAKELIJKE PRODUCTEN

- tofu - 600 g
- rode peper - 1 theel. incompleet
- olie-
- sojasaus
- citroensap

METHODE VAN VOORBEREIDEN

1. Tofu-kaas wordt in dikke stukken gesneden, die aan beide kanten licht ingevet zijn met olie. Bestrooi met paprika en wikkel elk stuk in bakfolie.
2. Bak de kaas op een grillpan of grill, laat ze daarna goed afkoelen zonder ze van de folie af te wikkelen.
3. De kaas wordt gekoeld geserveerd, besprenkeld met sojasausmarinade en citroensap.

29. Knoflookbrood met kaas

NOODZAKELIJKE PRODUCTEN

- Eieren - 1 st.
- Suiker - 15 g
- Droge gist - 4 g
- verse melk - 90 ml warm
- Boter - 3 el. gesmolten
- Meel - 280 g
- Knoflookpoeder - 1 theel.
- Zout - 1 theelepel.
- Kaas - 250 g
- Eigeel - om te bestrijken

METHODE VAN VOORBEREIDEN

1. Klop het ei goed los en voeg dan suiker, gist, warme melk, boter, een beetje bloem toe, roer opnieuw en laat 15 minuten warm staan.
2. Wanneer de gist geactiveerd is, voeg je geleidelijk de bloem toe vermengd met zout en knoflookpoeder.
3. Kneed een zacht deeg, dek af met een doek en laat 45 minuten rijzen.
4. We verdelen het afgewerkte deeg in twee ballen, die we uitrollen tot korsten van ongeveer 10 cm dik.
5. Leg de eerste korst in een ingevette pan, bestrooi gelijkmatig met de geraspte kaas en dek af met de tweede korst.
6. Bestrijk de cheesecake met losgeklopt eigeel met een beetje water en bak 15-18 minuten in de voorverwarmde oven op 180°C.
7. Eet deze knoflookcake met kaas op elk moment van de dag.

30. Champignonpap met kaas

NOODZAKELIJKE PRODUCTEN

- Champignons - 300 g ☐ Koeboter - 50 g ☐ Meel - 1 eetl.
- Zout - 1 snuifje
- Kaas - 100 g
- verse melk - 1/2 theel.
- Nootmuskaat - 1 snuifje
- zwarte peper - 2 snufjes gemalen
- Peterselie - 2 el. gehakt

METHODE VAN VOORBEREIDEN

1. Snijd de champignons in kleine stukjes. Bak 4-5 minuten in boter.
2. Voeg dan, onder voortdurend roeren, de bloem toe en dan de melk. We blijven roeren tot ze dikker worden.
3. Zet het vuur en zout uit, voeg de nootmuskaat, zwarte peper toe en pureer de kaas.
4. Roer en laat de geurige paddenstoelenpuree afgedekt met een deksel 30 minuten op het vuur staan.
5. Voeg voor het serveren gehakte peterselie toe aan onze heerlijke pap, roer voorzichtig en giet op een bord.
6. Schik de paddenstoelenpap met kaas naar wens.

31. Tutmanik gevuld met kaas

NOODZAKELIJKE PRODUCTEN

- Meel - 3 theel.
  Kaas - 350 g
  Eieren - 2 st.
- Zout - een snuifje
  Vet - 8 el. optioneel
  verse melk - 2
  theel.
- Mei - 20 g vers

METHODE VAN VOORBEREIDEN

1. Doe de warme melk in een kom en los de gist erin op. Voeg zout en eieren toe, geleidelijk gezeefde bloem en meng met een spatel tot een dik mengsel.
2. Voeg de geraspte kaas toe en roer.
3. Doe het mengsel voor de heerlijke Tutmanik in een pan, giet de helft van het vet erop, giet dan het mengsel en de rest van het vet erbij.
4. Laat de tutmanika met kaas 20 minuten rusten en bak op 180 graden tot hij gaar is.
5. Geroerde tutmanik met kaas is een heerlijk ontbijt!

32. Echte zelfgemaakte geitenkaas

NOODZAKELIJKE PRODUCTEN

- mei - 1 eetl. voor kaas
- Zeezout - grof
- Geitenmelk - 4 liter vers gemaakt vanaf het begin

METHODE VAN VOORBEREIDEN

1. Giet de melk in een steelpannetje op het vuur en laat het opwarmen tot ongeveer 38 graden. Ik laat het opwarmen tot 60 graden en dan afkoelen tot 36 graden.
2. Om de temperatuur in de gaten te houden heb je een thermometer nodig. Je kunt het ook met je vinger proberen - als je tegen de temperatuur kunt, is dat prima.
3. Op de verpakking van de kaasgist staat aangegeven hoeveel druppels je moet geven. Ik doe 5 druppels op een liter melk - dat zijn 20 druppels. Nadat de melk is afgekoeld tot 36-38 graden, giet je 1 eetl. Kan.
4. Roer van boven naar beneden en zijwaarts, niet draaien. Laat 5 minuten intrekken en sluit af met een deksel. Bedek de pot met dikke dekens of dekens om hem warm te houden. Laat een uur of twee zitten.
5. Draai de pan los en laat de melk een half uur staan. Open het deksel, je ziet de gescheiden wei. Snijd de witte massa in stukjes met een mes, ze zullen vermengen met de wei, maar maak je geen zorgen.

33. Spinaziecake met kaas

NOODZAKELIJKE PRODUCTEN

VOOR DE BARKS

- verse melk - 300 ml
- Meel - 650 gram
- Olie - 75 ml ▫ Droge gist - 3 theel.
- Suiker - 2 theel. ▫ Eieren - 3 stuks ▫ Zout - 1 theel.

VULLING

- Eieren - 8 stuks
- Lente-uitjes - 3 stengels
- Kaas - 200 gram
- Spinazie - 200 gram

- Sesam - om te besprenkelen

METHODE VAN VOORBEREIDEN

1. Zeef de bloem in een kom. Los de gist op in de warme melk en laat rijzen.
2. Voeg vervolgens samen met de andere producten toe aan de bloem en kneed een zacht, antiaanbakend deeg. Dek af met een schone doek en laat op het vuur rijzen.
3. Stoom de spinazie in heet vet en kook de eieren.
4. Meng in een kom de gesnipperde uien met de gestoomde spinazie, de gehakte eieren en de geraspte kaas. Goed mengen.
5. Verdeel het deeg in ballen van gelijke grootte. Rol elk tot je een dunne snede krijgt. Vet de korstjes in en verdeel de vulling erover.
6. Rol op en leg op een bakplaat in de vorm van een slak. Ga dus verder met alle korstjes.
7. Laat het opgerolde deeg weer rijzen. Bestrijk met losgeklopt ei en bestrooi met sesamzaadjes.
8. Verwarm de oven voor op 180 graden celcius. Bak de cake tot hij smakelijk is.
9. De spinaziecake met kaas is klaar.

34. Taart met roomkaas

NOODZAKELIJKE PRODUCTEN

- Werkbladen - 3 koks voor de taart
- Roomkaas - 4 zakjes (elk 125 g)
- Room - 200 ml zoetwaren + 200 g zuurdesem
- Suiker - 150-200 g poeder
- Vanille - essentie druppels
- verse melk - 150 ml
- Siroop - 100 ml abrikoos of iets anders. Fruit, dik en zoet
- Koekjes - walnoot, om te decoreren

METHODE VAN VOORBEREIDEN

1. Klop de kaas met de room en suiker tegelijkertijd met een roommixer tot een schuimige room ontstaat. Voeg een paar druppels vanille-essence toe.
2. Meng de melk met de siroop en laat het eerste brood weken. Zorg ervoor dat u de siroop niet overdrijft - de marshmallows moeten heel licht worden gegoten. Smeer wat room op het stroperige vel en herhaal het proces met de overige vellen. Smeer veel room op de taart.
3. Walnotenkoekjes pureren. Het beste is om het samen met de rest van de siroop in een keukenmachine te hakken. Vet keukenpapier licht in en verdeel het koekjesmengsel er met een spatel over. Probeer de vorm van de cake te borstelen. Draai vervolgens het papier in één snelle beweging over de cake totdat de koekjes loskomen. Druk ze lichtjes tegen het oppervlak van de cake.
4. Laat 2 uur rusten in de koelkast.

35. Kip met blauwe kaas

NOODZAKELIJKE PRODUCTEN

- Kippenvlees - 500 g filet
- Blauwe kaas - 200 g
- Wijn - 200 ml wit
- Room - kook 300 ml
- Sol
- peper
- olijfolie
- Citroenen - geperst citroensap van 2 stuks
- Parsely
- peper

METHODE VAN VOORBEREIDEN

1. Marineer de kipfilet een half uur in olijfolie, citroensap, peterselie, zout en peper. Giet vervolgens de kip af en bak 2 eetlepels in een pan. Olie gelijkmatig aan beide kanten. Schep het uit op een bord.
2. Voeg de geraspte blauwe kaas toe aan dezelfde pan en roer tot deze gesmolten is. Voeg vervolgens de wijn en room toe en roer. Laat 5 minuten sudderen en breng op smaak met peper en zout. Leg de stukjes kip in de saus en laat nog een paar minuten sudderen.

36. Bazelse soep met kaas

NOODZAKELIJKE PRODUCTEN

- Meel - 70 g.
- Boter - 60 g. ⬜ Ui - 1 krop ⬜ Spek - 30 gr.
- Bouillon - vlees 1250 ml.
- Rode wijn - 100 ml.
- Kaas - Parmezaanse kaas 50 g.

METHODE VAN VOORBEREIDEN

1.
    Maak een licht mengsel van boter en bloem, voeg fijngehakte ui en spek toe, bak, giet de licht hete bouillon erbij en roer.
2. De soep wordt een half uur gekookt, af en toe roerend, dan gezeefd, verwarmd, wijn toegevoegd, gezouten en geserveerd.
3. Geraspte kaas wordt apart geserveerd.

37. Broccoli met blauwe kaas

NOODZAKELIJKE PRODUCTEN

- Broccoli - 450 g
- Blauwe kaas - 100 g
- gele kaas - 50 g geraspt
- Kaas - 50 g gesmolten ☐ Room - 5 el. gefermenteerde ☐ boter - 1 theel.
- zwarte peper - naar smaak

METHODE VAN VOORBEREIDEN

1. De broccoli wordt gestoomd. Doe in een geschikte bak en voeg een beetje zout toe. De blauwe kaas wordt gepureerd en de gele kaas wordt op een grote rasp geraspt.
2. Meng de kaas in een kom en roer de room goed door. Kruid af en voeg zo nodig wat zout toe. Verdeel het mengsel over de broccoliroosjes.
3. Bak kort goudbruin.

38. Brood met roomkaas

NOODZAKELIJKE PRODUCTEN

- Water - 1/2 theelepel. warm
- Kaas - 200 g room
- Margarine - 50 g
- Suiker - 1 en 1/2 el.
- Eieren - 1 stuk
- Zout - 1 tl
- mei - 2 theel. droog
- Meel - 3 kopjes
- sesam

METHODE VAN VOORBEREIDEN

1. Mix alle ingrediënten zonder de bloem tot een homogene massa. Kneed en kneed geleidelijk met de bloem tot er een zacht deeg ontstaat.
2. Vorm er kleine balletjes van en leg ze in een ingevette pan.
3. Bestrooi licht met sesamzaadjes en bak in een matige oven goudbruin.

39. Kaas met bruisend water

NOODZAKELIJKE PRODUCTEN

- Kaas - 400 g
- Tomaten - 3 st.
- Eieren - 5 stuks.
- Champignons - 150 g
- Koolzuurhoudend water - 150 ml
- Boter - 75 g ☐ Peterselie - 1/2 aansluiting ☐ Hete pepers - 5 st.
- paprika

METHODE VAN VOORBEREIDEN

1. De in stukjes gesneden kaas wordt in een vuurvaste (klei) bak gedaan. Bestrooi met de gehakte tomaten, champignons en boter. Dek af met een deksel en laat 10 minuten sudderen.
2. Giet over de losgeklopte eieren samen met het bruiswater en bak opnieuw tot de eierlaag goudbruin kleurt.
3. Serveer warm, bestrooi elke portie met zwarte peper en garneer met geroosterde hete pepers.

40. Gebakken tomaten met kaas

NOODZAKELIJKE PRODUCTEN

- Tomaten - 4 stuks.
- Mozzarella - 300 g.
- Ui - 2 kroppen
- Knoflook - 2 teentjes ▯ Zout - 1/2 theel.
- olie-
- witte peper
- Oregano - 1 eetl.
- basilicum
- olijfolie

METHODE VAN VOORBEREIDEN

1. Vet een pan in met olijfolie. Verwarm de oven voor op 220 °C. Was en droog de tomaten en snijd ze samen met de kaas in stukjes van 1 cm dik. Leg een rij tomaten, een rij kaas, enz. verticaal.
2. Pel en snipper de ui en knoflook. Zout en pureer de knoflook.
3. Meng de olijfolie, knoflook, ui en peper en giet dit mengsel over de tomaten en kaas. Bak 20 minuten in de oven. Bestrooi met oregano en basilicum. Bak nog 5 minuten.

41. Aardappelcake met kaas

NOODZAKELIJKE PRODUCTEN

- Aardappelen - 2 middelgrote
- Olie - 50 ml

- Kaas - 30 g
- Ui - 1/2 krop
- Links
- peper
- Eieren - 4 STUKS. klein

Geschilde aardappelen worden in dunne halve maantjes gesneden. Snijd en schil een halve ui. Bestrooi met zout en peper.
2. Klop de eieren los in een kom en voeg de geraspte kaas toe. Verhit de olie in een kleine pan en fruit de uien en aardappelen tot ze zacht zijn.
3. Giet het eiermengsel erover en bak 2-3 graden op laag vuur zodat de onderkant goudbruin kleurt.
4. Draai het deksel of het grote bord om en doe terug in de pan, bak aan de andere kant.

METHODE VAN VOORBEREIDEN

1.
   Serveer de afgewerkte tortilla met een takje peterselie.

42. Gebakken aardappelen met kaas

NOODZAKELIJKE PRODUCTEN

- Aardappelen - 1 kg
- Olie - ½ theelepel groenten
- Kaas - 150 g (of 200 g kwark) ▯ Eieren - 4 st.
- verse melk - 1 theel.
- peper
- Kim
- Parsely

Geschilde aardappelen worden half gekookt in gezouten water, daarna uitgelekt en in plakjes gesneden. Schik de aardappelen in lagen in een met vet ingevette pan.

2. Een mengsel van de twee losgeklopte eieren, de geraspte kaas en komijn wordt ertussen geplaatst. Bestrooi de vorm met hete plantaardige olie en zet hem tien minuten in de oven.
3. Bestrooi de gebakken aardappelen met peterselie, giet dan over de andere twee eieren, opgeklopt met melk, zout en peper en bak in een sterkere oven.
4. Serveer warm met een salade, afhankelijk van het seizoen.

METHODE VAN VOORBEREIDEN

1.

43. Gesluierde eieren met kaas

NOODZAKELIJKE PRODUCTEN

- eieren - 3 stuks.
- kaas - 50 g
- Azijn - 1 v.
- olie - 50g
- zout naar smaak

Zet een pot water op het fornuis, waarin we zout, azijn doen en wachten tot het kookt.
2. De eieren worden in kleine stukjes gebroken en aan de kook gelaten totdat ze bedekt zijn, namelijk het wit wordt wit.
3. Plet de kaas op een bord en verwijder met behulp van een schuimspaan de voorbereide gesluierde eieren en leg ze op de kaas.
4. Bak de boter in een pan en giet de eieren erop. Indien gewenst kan rode peper worden toegevoegd.
5. Het resultaat is een heerlijk en makkelijk gerecht geschikt voor een snelle lunch.

44. Roomkaas gehaktballetjes

METHODE VAN VOORBEREIDEN

1.
NOODZAKELIJKE PRODUCTEN

- roomkaas - 4 - 5 st.
- eieren - 4 stuks.
- bloem - 4-5 el.
- peper
- dooiers - 1 st.
- boter - 1 eetl.

Roomkaas wordt gepureerd met een vork, voeg naar smaak zout en peper toe. Meng met de losgeklopte eieren en kneed het deeg met de bloem.

2. Vorm gehaktballen en schik ze in een ingevette pan. Verdeel boter en eidooier erover.
3. Bak in de oven op 200 graden goudbruin.

45. Kaas in getempereerde braadpan

METHODE VAN VOORBEREIDEN

1.
NOODZAKELIJKE PRODUCTEN

- kaas - 150 g
- tomaten - 1 st.
- boter
- peterselie

METHODE VAN VOORBEREIDEN

1. Vet de bodem van de pan in met olie.
2. Daarop leggen we een stukje kaas, fijngehakte peterselie en een plakje tomaat, terug een stukje boter. Bak in een matige oven.
3. Bij het serveren nogmaals bestrooien met peterselie.

METHODE VAN VOORBEREIDEN

1.
46. Groenten met fetakaas

NOODZAKELIJKE PRODUCTEN

- tomaten - 2 stuks ☐ komkommers - 1 stuks
- paprika's - 2 rode en gele
- ui - 1/2 roodkop
- olijven - 6-7 stuks
- sla - 4 blaadjes
- kaas - 200 g feta
- olijfolie - 60 ml
- citroensap - 4 el.
- peper
- oregano - 1/2 theel. droog
- basilicum - 1/2 theel. droog

Snijd fetakaas in blokjes en marineer ze een half uur in olijfolie, citroensap, een beetje zout, oregano en basilicum.
2. Vervolgens worden alle voorgereinigde groenten gemengd in een kom.
3. Sla wordt licht gehakt, tomaten en komkommers worden in stukjes gesneden, paprika in dunne reepjes en uien - in halve maantjes.
4. Voeg de olijven en gemarineerde kaas samen met de marinade toe, meng goed en serveer.

47. Franse broodjes met kaas

METHODE VAN VOORBEREIDEN

1.
NOODZAKELIJKE PRODUCTEN

- water - 1 en 1/2 theelepel. ☐ boter - 1 eetl. gesmolten ☐ bloem - 1 en 1/2 theel.
- kaas - 250 g gemalen
- eieren - 2 stuks
- zwarte peper - naar smaak
- vet - om te frituren
- suiker - poeder om te bestrooien

Breng het water samen met de olie aan de kook. Giet de bloem een keer en meng snel tot je een glad deeg krijgt.
2. Voeg de geraspte kaas toe en haal uit de kolom. Als het deeg is afgekoeld, voeg je de twee eieren en een beetje zwarte peper toe, onder voortdurend roeren.
3. Verwarm meer frituurvet. Schraap het deeg met een natte lepel en laat het in een bal in het hete vet vallen.

4. Serveer de Franse broodjes warm en bestrooid met poedersuiker.

48. Groentetaart met kaas

NOODZAKELIJKE PRODUCTEN

- korsten - voor taart 8 stuks.
- aardappelen - 2 stuks.
- courgette - 3 st. ▢ wortelen - 3 st.
- ui - 1 krop, rood
- groene uien - 4 - 5 stengels ▢ knoflook - 3 teentjes ▢ kaas - 200 g.
- eieren - 2 stuks.
- oregano - vers gehakt 1 eetl. ▢ basilicum - vers gehakt 1 eetl.
- tijm - vers gesneden 1 eetl.
- peper

METHODE VAN VOORBEREIDEN

1.
- olijfolie - 50 g.

    Courgette en aardappelen worden op een grove rasp geraspt. Plaats in een vergiet en druk met de palm van je hand om zoveel mogelijk sap af te tappen.
2. Wortelen worden ook geraspt op een grove rasp. Zowel de ui als de knoflook worden fijngesneden.
3. Verhit de helft van de olijfolie in een pan. Fruit hierin de ui en knoflook voor 4-5 minuten. Voeg de wortelen toe en meng goed. Voeg de uitgelekte courgette en aardappelen en groene kruiden toe. Laat nog 5-6 minuten sudderen, af en toe roeren. Haal van het vuur en zet opzij om af te koelen.
4. Breek voor de groenten de kaas en voeg de losgeklopte eieren toe. Kruid de vulling met peper en zout.
5. Verwarm de oven voor op 200°C.
6. Vet een geschikte pan in met een beetje olijfolie. Leg de helft van de deegbodems op de bodem en smeer er een beetje olijfolie tussen. Verdeel de vulling. De andere korsten zijn erop aangebracht. Bestrijk de taart met olijfolie en snij in stukken.

7. Bak ongeveer 30 minuten in een voorverwarmde oven. Eenmaal verwijderd, iets laten afkoelen.

49. Aardappelen gevuld met kaas

NOODZAKELIJKE PRODUCTEN

- aardappelen - 300 g.
- ui - 1 k.
- olie - 15ml.
- boter - 10 g.
- kaas - 30 gr.
- tomaten - 1 st.
- eieren - 1 st.
- verse melk - 40 ml.
- meel - 10 g.
- gele kaas - 40 gr.
- peterselie - 1 eetl.

METHODE VAN VOORBEREIDEN

1. Aardappelen van dezelfde grootte worden geselecteerd. Ze zijn geschild en gesneden als boten. Van de in vet gestoofde fijngehakte ui en enkele tomaten bereiden de vulling, waaraan de geraspte kaas, eieren en peterselie worden toegevoegd nadat ze van het vuur zijn gehaald. Vul de gevulde aardappelen met de overgebleven tomatenpuree en vet en bak ze gaar. Eenmaal zacht, bestrooi met bechamelsaus gemaakt van boter, bloem, melk en eidooiers. Bestrooi met geraspte gele kaas en bak opnieuw. Serveer met sla.

50. Snelle pizza met kaas

NOODZAKELIJKE PRODUCTEN

- Eieren - 2 stuks.
- Meel - 2 el. H ☐ Yoghurt - 2 el. H ☐ Bakpoeder - 1 theel.
- Boter - 50 g.
- kaas - 50 g.
- gele kaas - 50 gr.

1. We maken deeg van bloem, eieren, yoghurt en frisdrank en een beetje zout. Verdeel in een met boter ingevette pan en bestrooi met geraspte kaas, geraspte boter en geraspte kaas.
2. Bak in de voorverwarmde oven.

METHODE VAN VOORBEREIDEN

51. Frisdrankbrood met kaas

NOODZAKELIJKE PRODUCTEN

- Yoghurt - 1 theel.
- Eieren - 1 stuk
- Zout - naar smaak

- Kaas - 100 g gepureerd ▢ Olie - 2 el.
- Meel - 500 g
- Bakpoeder - 1 theel.

2. Giet in het midden van de bloem de yoghurt waarin we bakpoeder hebben gemengd om het op te schuimen.
3. Voeg ei, olie, zout en geraspte kaas toe. Als het zout is, voeg dan een beetje zout toe.
4. Roer met een vork en kneed een middelzacht deeg.
5. Het is verdeeld in 5-6 ballen, die in een bak zijn gerangschikt en aan de bovenkant met een mes dwarsdoorsneden maken.
6. Bak het sodabrood in een voorverwarmde oven op 180°C.

METHODE VAN VOORBEREIDEN
52. Zoete cake met kaas

NOODZAKELIJKE PRODUCTEN

- Eieren - 2 stuks.
- Suiker - 1 theelepel.
- Olie - 7 el.
- Taartbodems - 6 st.
- Bakpoeder - 1 theel.
- Kaas - 2/3 theel.
- boter

1. Klop de eieren met olie, bakpoeder en suiker totdat ze wit worden en de suiker goed oplost.
2. Vet de bodem en zijkanten van de bakplaat in met olie of leg ze in bakpapier.
3. Kneed de korst lichtjes met je handen gedurende anderhalf en een half, zodat het ruig en los, maar niet plat wordt.
4. Neem het mengsel met de eieren met een eetlepel en giet over de gepureerde bladerdeegkorstjes, die je gelijkmatig bestrooit met een beetje kaas.
5. Ga zo verder met de andere korstjes.
6. Bedek met de laatste anderhalve korst en giet de rest van het mengsel uit zonder te bestrooien met kaas.
7. Smelt 50 g boter en giet dit over de zoete cake die op deze manier is gemaakt.
8. Bak op 180 graden tot ze goudbruin zijn.

METHODE VAN VOORBEREIDEN
53. Champignons gebakken met kaas

NOODZAKELIJKE PRODUCTEN

- Champignons - 300 g Google zonder stronken
- Kaas - 2 eetlepels hard geraspt
- Olie - 40 g
- Parsely
- knoflook
- Paneermeel
- peper

1. De champignons worden vooraf schoongemaakt en alleen de glaasjes worden verwijderd. Je kunt de stronken gebruiken voor een ander gerecht.
2. Schik de champignons in een geoliede pan. Bestrooi gelijkmatig met zout, paneermeel, fijngehakte en gemengde peterselie en knoflook en verdeel tenslotte de geraspte kaas. Bestrooi met zwarte peper.
3. Besprenkel met gesmolten boter, bak 20 minuten in een niet al te sterke oven.

54. Sesambrood met kaas

NOODZAKELIJKE PRODUCTEN

- Meel - 500 g

METHODE VAN VOORBEREIDEN

- Bakpoeder - 1 theel.
- Yoghurt - 1 theel.
- verse melk - 1 theel. ◻ Mei - 20 jaar ◻ Suiker - 1 eetl.
- Eieren - 2 stuks.
- Kaas - 150 g
- gele kaas - 3 el. gewreven
- Boter - een half pakje
- Sesamzaad - 1 - 2 el.
- Eigeel - 1 st. Verdelen

METHODE VAN VOORBEREIDEN

1. Los de gist samen met de suiker op in de melk en laat rijzen.
2. Klop de eieren los met yoghurt en voeg 1 eetl. gesmolten boter, kant-en-klare gist, geraspte gele kaas en geraspte kaas.
3. Giet de gezeefde bloem met de soda en kneed een zacht deeg.
4. Vorm het resulterende deeg in ballen met een diameter van 4-5 cm en giet een beetje olie in elke bal.
5. Schik het brood in een geoliede pan, bestrijk met losgeklopt eigeel en bestrooi met sesamzaadjes.
6. Bak in een sterke oven tot het klaar is.

55. Tofu-kaaspaté

NOODZAKELIJKE PRODUCTEN

- Tofu - 300 g Knoflook - 3 teentjes
- Olijfolie - 3 el.
- peper
- Citroensap - 1 eetl.
- Zout - naar smaak
- dille

METHODE VAN VOORBEREIDEN

1. Bereid alle producten voor en pureer ze in een blender, voeg 2 el toe. Water.
2. Pureer tot een gladde pulp en serveer, eventueel met geroosterde plakjes.

56. Pap met gerookte kaas

NOODZAKELIJKE PRODUCTEN

- Pap - 200 g halfafgewerkt
- Olijven zonder pit - 10 stuks
- Kaas - 200 g gerookt
- Salie - 1 klein bosje (kan worden vervangen door peterselie, oregano of basilicum)
- zwarte peper - naar smaak

METHODE VAN VOORBEREIDEN

1. Doe de pap in een pan met ca. 850 ml water. Zet een hoog vuur op het vuur en nadat het gestoofd is, zet het vuur lager en laat 10 minuten staan, vaak roerend met een houten lepel, want het mengsel moet glad zijn.
2. Was en droog ondertussen de salie (of een verse specerij naar keuze) en hak de bloemblaadjes fijn. Rasp de gerookte kaas en pureer de peperkorrels.
3. Hak de olijven. Zodra de pap dikker wordt en hard begint te worden, voeg je de gehakte groene kruiden, kaas, peper en olijven toe.
4. Roer krachtig om alle ingrediënten te mengen en het vruchtvlees zal beginnen te scheiden van de wanden van de pan. Serveer direct of laat afkoelen.

57. Gevulde aubergines met kaas

NOODZAKELIJKE PRODUCTEN

- Aubergines - 4 st.
- Kaas - 300 g geraspt
- Selderij - 1 stengel
- Crème - 2 el.
- Eieren - 2 stuks.
- Peterselie - 2 el.
- peper
- Ui - 1 grote kop ☐ Olie - 2 el.

METHODE VAN VOORBEREIDEN

1. Kook de aubergines in gezouten water om ze wat zachter te maken. Haal ze eruit en leg ze in een vergiet om uit te lekken. Snijd vervolgens in 2 helften en schep de binnenkant eruit met een lepel.
2. Meng de room, kaas, ui, eieren, bleekselderij, zwarte peper en zout. Vul de aubergines met de resulterende vulling en schik ze in een ingevette pan.
3. Besprenkel met een beetje olie en bak 20-30 minuten op middelhoog vuur.
4. Bestrooi tot slot met peterselie en laat iets afkoelen.

58. Paassalade met kaas

NOODZAKELIJKE PRODUCTEN

- sla - 1 st.
- verse ui - 2 stengels
- verse knoflook - 2 stengels
- radijs - 1 aansluiting
- komkommers - 1 klein
- kaas - 150 g
- yoghurt - 2 el.
- noten - 2 el. verpletterd
- eieren - 2 stuks. gekookt
- links
- wijnazijn - 2 el.
- olie - 3 el.

METHODE VAN VOORBEREIDEN

1. De salade wordt gewassen, gedroogd en in kleine reepjes gesneden. Verse uien en knoflook worden in kleine stukjes gesneden, radijs en komkommer in plakjes. Meng de gesneden groenten in een kom.
2. Bestrooi de salade met zout naar smaak en roer, giet azijn, roer goed en voeg als laatste de olie toe.

3. Rooster de walnoten kort en plet ze. Meng in een kom de kaas, yoghurt en twee fijngehakte verse uienveren.

4. Het mengsel wordt geroerd, eruit geschept en met de hand worden balletjes gevormd. De salade wordt geserveerd gegarneerd met gesneden gekookte eieren en bolletjes kaas.

59. Meelpap met kaas

NOODZAKELIJKE PRODUCTEN

- Kaas - 150 g ☐ Meel - 1 theel.
- Olie - 5 el.

METHODE VAN VOORBEREIDEN

1. Giet de bloem bij de voorverwarmde olie en roer tot deze goudbruin is.

2. Giet water tot er een pasta ontstaat, voeg de geraspte/geplette/kaas toe en kook 5 minuten onder voortdurend roeren.

60. Tomatenroomsoep met kaas

NOODZAKELIJKE PRODUCTEN

- tomaten - 1 kg
- basilicum - rozenbottels
- olijfolie - 2 el
- bloem - 1 eetl
- rode peper - 1 tl
- kaas - 100 g
- water - 2 liter

Was en schil de tomaten, doe daarna alle gepelde tomaten in een blender en mix alle tomaten.

2. Neem een grote pan, doe olijfolie, bloem en paprika erin en bak even mee, voeg dan de tomaten en water toe en wacht tot alles kookt.
3. Pureer de tomatensoep opnieuw met een blender en breng op smaak met zout en basilicum.
4. Serveer de tomatenroomsoep met kaas, bestrooi met kaas erover.

61. Pittige kaassnack

METHODE VAN VOORBEREIDEN

1.
NOODZAKELIJKE PRODUCTEN

- kaas - 300 g
- hete pepers - 7 - 8 stuks. popcorn
- lutenitsa - 200 g huisgemaakt
- ui - 1 ui
- knoflook - 4 teentjes
- peterselie - 1/2 aansluiting

Meng in een kom zelfgemaakte lyutenitsa met de kaas, gesnipperde ui, knoflookteentjes en ontdaan van zaden en gepelde hete pepers en fijngehakte peterselie.
2. De pittige kaassnack kan als aperitief, salade of gesneden worden geserveerd.
3. Eet smakelijk!

62. Melktaart met kaas

METHODE VAN VOORBEREIDEN

1.
NOODZAKELIJKE PRODUCTEN

☐ taartbodems - 400 g
☐ kaas - 200 g ☐ eieren - 4 st. ☐ verse melk - 500 g ☐ olie - 2 el.

Op de bodem van de pan waarin we de melktaart gaan bakken, smeer de olie.
2. Plet in een kom de kaas, plet de eieren en voeg de melk toe. Roer het mengsel goed door.
3. Leg twee korstjes in de pan en besprenkel met het melkmengsel.
4. Weer gevolgd door twee vellen schors, opnieuw het mengsel en zo verder tot de korsten en het mengsel op zijn.

5. Snijd de melktaart met kaas in stukjes en als er nog wat van het mengsel over is, giet je dit erover.
6. Zet in de oven op 180 graden met hetelucht in een voorverwarmde oven.
7. Bak tot de gewenste kleur.
8. Serveer warm.

63. Paprika's met kaas - moussaka

NOODZAKELIJKE PRODUCTEN

- paprika - 1 kg
- vet - 3 - 4 el.

METHODE VAN VOORBEREIDEN

1.
- ui - 2 - 3 kroppen
- kaas - 1 theel. gebroken ▯ rode peper - 1 theel.
- eieren - 3 stuks.
- bloem - 1 eetl. verdund met een beetje water ▯ yoghurt - 1 - 1,5 theel.

Schil en hak de paprika's, bak ze in vet samen met 2-3 koppen fijngehakte uien.
2. Als de paprika's en uien zacht zijn, giet je de helft in een ingevette pan.
3. Verdeel de kaas erover en giet de overige paprika's erop.
4. Meng de melk met de eieren, voeg de peper en de bloem toe. Giet de moussaka van paprika's en bak in een voorverwarmde oven goudbruin.
5. Het recept voor Paprika's met kaas - moussaka is gemaakt.
6. Heerlijke vegetarische moussaka met kaas.

64. Franse kaashapjes

NOODZAKELIJKE PRODUCTEN

- kaas - 250 g

METHODE VAN VOORBEREIDEN

1.
- roomkaas - 125 g
- olie - 125 g
- knoflook - 5 - 6 teentjes
- dille - 1 aansluiting
- groene uien - 1 link
- rode peper - 3 el.
- peper

Klop de zachte boter tot een room en voeg de geraspte kaas en roomkaas toe, roer tot het romig is.

2. Voeg de gepureerde knoflook, gesnipperde ui en dille en zwarte peper toe.
3. Roer opnieuw en vorm tot een rol, die we in rekfolie gewikkeld in de koelkast laten uitharden.
4. Snijd de rol in cirkels door het mes in warm water te smelten zodat het niet plakt.

5. Rol de cirkels in rode peper en schik ze op een bord, dat we koud houden tot het geserveerd wordt.

65. Gestoofde ui met kaas

NOODZAKELIJKE PRODUCTEN

- uien - 4 - 5 kroppen
- kaas - 300 g
- witte wijn - 1 theel.
- boter - 50 g
- knoflook - 3 - 4 teentjes
- zwarte peper - naar smaak
- zout - naar smaak

METHODE VAN VOORBEREIDEN

1.

Snijd de ui in plakjes en schik deze in lagen in een geoliede pan met antiaanbaklaag.
2. Leg tussen elke rij stukjes kaas, stukjes boter en fijngehakte knoflook.
3. Bestrooi met zwarte peper, giet de wijn erbij en laat 20-30 minuten op laag vuur sudderen.

66. Botermuffins met kaas

NOODZAKELIJKE PRODUCTEN

- yoghurt - 1 kop ☐ eieren - 3 st.
- soda - 1 tl ☐ gist - 1 zakje, droge ☐ verse melk - 1 tl. ☐ suiker - 1 theel.
- zout - 1 tl
- kaas - 150 g
- olie - 100 g
- meel - zoveel als nodig is
- olie - om in te bakken

Klop in een kom eieren los, voeg al roerend zure melk toe en de lauwe melk met de opgeloste gist.

METHODE VAN VOORBEREIDEN

1.
2. Voeg suiker en zout toe aan het resulterende mengsel en begin bloem te gieten tot je een zacht deeg kneedt. Dek af en laat 30 minuten rijzen.
3. Rol het op een met bloem bestoven oppervlak in een cirkel uit.
4. Bedek de helft van de cirkel met geraspte kaas, vouw en druk. Smeer de gesmolten boter erop en rol op.
5. Rol opnieuw en vet opnieuw in met olie. We rollen over een nieuwe rol. Rol en snijd in kleine stukjes, die in hete olie worden gebakken.

67. Broccoli met gesmolten kaas

NOODZAKELIJKE PRODUCTEN

- broccoli - 1,5 kg
- room - 1 kop zuurdesem ☐ gesmolten kaas - 150 g ☐ boter - 2 el.
- zout - naar smaak
- citroensap - van 1 citroen

METHODE VAN VOORBEREIDEN

1. Broccoli wordt in kleine boeketten gesneden en gewassen. Zet in kokend water en verwijder na 5 minuten. Was met koud water en laat uitlekken.
2. Doe vervolgens in een ingevette pan en voeg de room toe.
3. Bestrooi met kruiden en meng alles. Het gerecht wordt in een voorverwarmde oven van 180 graden gezet.
4. Bedek de broccoli na ongeveer 15 minuten met gesmolten kaas en zet terug in de oven om een smakelijk korstje te krijgen.

68. Spinaziemuffins met kaas

NOODZAKELIJKE PRODUCTEN

- eieren - 3 stuks.
- yoghurt - 5 el.
- verse melk - 160 ml
- kaas - 170 g
- spinazie - 140 g ▢ knoflook - 1 theel. om ▢ nootmuskaat te bestuiven - 1/2 theel.
- zout - 1 tl
- bakpoeder - 7 g
- bloem - 200 g

METHODE VAN VOORBEREIDEN

1. Klop de eieren los met de yoghurt en verse melk.
2. Voeg vervolgens de geraspte kaas, fijngehakte spinazie, kruiden toe en roer.
3. Voeg als laatste de gezeefde bloem en bakpoeder toe en meng goed voor de zoute muffins.
4. Verdeel het mengsel over muffinvormpjes.

5. Bak de spinaziemuffins 20 minuten in een voorverwarmde oven op 180 graden.
6. Je kunt de spinaziemuffins met kaas serveren als ontbijt of middag, en zelfs meenemen voor onderweg!

69. Maïsbedelaar met kaas

NOODZAKELIJKE PRODUCTEN

- eieren - 1 stuk ▢ bloem - 1 theel.
- kaas - 150 - 200 gram ▢ maïzena - 1 theel. ▢ yoghurt - 5 el. (met punt) ▢ olie - 1/2 theel.
- bakpoeder - 1/2 theel.
- olie - 3 - 4 el. (om op de bakplaat te smeren) ▢ bakpoeder - 1 theel.

METHODE VAN VOORBEREIDEN

1. Klop het ei samen met de olie los in een diepe kom.
2. Meng de witte bloem met het bakpoeder en zeef ze samen, voeg toe aan het losgeklopte ei.
3. Voeg de maizena toe.
4. Blus de frisdrank in de yoghurt en voeg deze toe aan het bovenstaande mengsel zodra het schuimt. Je zou een dik cakebeslag moeten krijgen. Voeg als laatste de geraspte kaas toe en roer door.
5. Zet een pan met een diameter van 22-24 cm klaar en vet deze in met olie. Breng het mengsel naar binnen.
6. Verwarm de oven voor op 180 graden en bak de heerlijke zoute cake gaar - ongeveer 25-30 minuten.
7. De maïsmeel met kaas is klaar. Het kan warm of koud geserveerd worden.

70. Aardappelkroketten met kaas

NOODZAKELIJKE PRODUCTEN

- aardappelen - 800 - 1000 g
- kaas - 150 g
- bloem - 40 g
- paneermeel - 20 g
- peterselie - 10 g
- eieren - 2 brouwsels
- boter - 4 el. groente
- zwarte peper - 1 - 2 snuifjes
- zout - naar smaak

METHODE VAN VOORBEREIDEN

1. Geschilde en gewassen aardappelen worden gekookt in water, bijna gestoomd en warm door een pers gehaald. Voeg aan de resulterende puree een beetje bloem, geraspte kaas, 1 ei, zout, peper en fijngehakte peterselie toe.
2. Het mengsel wordt geroerd en er worden balletjes van gemaakt, die worden gerold in bloem, gedoopt in het overgebleven losgeklopte ei, in paneermeel en opnieuw in ei.
3. Bak in heet vet en serveer warm, met mosterdsaus.

71. Brood met roomkaas

NOODZAKELIJKE PRODUCTEN

- water - 1/2 theel. warm
- kaas - 200 g room
- margarine - 50 g
- suiker - 1 en 1/2 el. ▢ eieren - 1 stuk ▢ zout - 1 theel.
- mei - 2 theel. droog
- bloem - 3 kopjes
- sesam

METHODE VAN VOORBEREIDEN

1. Meng alle ingrediënten zonder de bloem tot een homogeen mengsel. Begin geleidelijk te kneden met de bloem en kneed tot je een zacht deeg krijgt.
2. Vorm kleine balletjes en leg ze in een ingevette pan.
3. Bestrooi licht met sesamzaadjes en bak in een matige oven goudbruin.

72. Gevulde komkommers met kaas

NOODZAKELIJKE PRODUCTEN

- komkommers - 2 stuks
- kaas - 200 g ongezouten schaap of koe
- boter - 100 g
- ui - 4 wilde stengels
- walnoten - 1 - 2 el. grond
- peper
- peterselie - 2 stengels
- dille - 2 stengels
- olijfolie - 4 el.
- paneermeel - 2 el.

METHODE VAN VOORBEREIDEN

1. Snijd elke komkommer in 3 cilinders. Snijd elk met behulp van een peperspatel of een lepel. Laat een dunne bodem achter zodat de vulling er niet uitloopt.
2. Klop de boter met de kaas, voeg fijngehakte ui, walnoten, gehakte peterselie en dille en andere kruiden naar smaak toe. Voeg olijfolie toe en roer. Vul de komkommers met de vulling, laat even afkoelen in de koelkast en serveer.

73. Pompoensoep met kaas

NOODZAKELIJKE PRODUCTEN

- Pompoen - 500 g
- Kaas - geraspt 1/2 theelepel ◻ Meel - 2 eetl.
- Boter - 4 el.
- Dille - 1 poort
- Ui - 1 krop
- Knoflook - 5 - 6 teentjes ◻ Eieren - 2 st.
- peper
- azijn

METHODE VAN VOORBEREIDEN

1. Smoor fijngehakte uien en geperste knoflook in de olie en giet er heet water over als het zacht is.
2. We maken de pompoen schoon, snijden hem in blokjes en voegen hem toe aan de andere producten om op laag vuur te koken tot hij klaar is.
3. Klop de bloem met een beetje water en giet bij de soep, kook nog een paar minuten, voeg dan de kaas toe en roer.
4. Bouw de licht afgekoelde soep op met de losgeklopte eieren en breng op smaak met zwarte peper, azijn en zout.
5. Bestrooi de pompoensoep voor het serveren met gehakte dille.

74. Bruschetta met roomkaas

NOODZAKELIJKE PRODUCTEN

- stokbrood - 1 st. met zaden ▯
  roomkaas - 125 g ▯ tomaten - 2 st.
- basilicum - vers

METHODE VAN VOORBEREIDEN

1. Het stokbrood wordt diagonaal in plakjes gesneden. Besmeer elk plakje met roomkaas.
2. Snijd de tomaten in kleine stukjes, breng op smaak met zout en verdeel de roomkaas erover.
3. Schik de bruschetta's in een pan en bak ze kort in de oven.
4. Bestrooi als ze klaar zijn met fijngehakte verse basilicum.
5. Ze zijn het lekkerst als ze nog warm worden geconsumeerd.

75. Roomkaasroomijs

NOODZAKELIJKE PRODUCTEN

- roomkaas - 500 g.
- suiker - 150 gr.
- room - vloeibaar 200 g.

METHODE VAN VOORBEREIDEN

1. We breken alle ingrediënten, we doen meer of minder suiker naar onze smaak.
2. Doe in een glazen kom en zet 2 uur in de vriezer.
3. Serveer met de toevoeging van aardbeien- of perzikpuree.
4. We kunnen kokosschaafsel of geraspte citroenschil aan het ijs toevoegen en invriezen.

76. Kip met paprika en kaas

NOODZAKELIJKE PRODUCTEN

- kippenvlees - 1 kg
- kaas - 200 g
- paprika - 300 g
- olie - 60 g
- peterselie

METHODE VAN VOORBEREIDEN

1. Kook de kip gaar in gezouten water. Haal het uit de bouillon, ontbeen het en snijd het in kleine stukjes.
2. Rooster de paprika's, schil ze en stoof ze lichtjes in wat van de hete olie.
3. Plet de kaas. Spreid de paprika's uit in een geschikte schaal, leg er stukjes kip op, bedek met kaas.

4. Leg de resterende stukken vlees en de resterende boter erop.
5. Bak het gerecht lichtjes in de oven en bestrooi met fijngehakte peterselie.

77. Snelle pasta met gesmolten kaas

NOODZAKELIJKE PRODUCTEN

- pasta - 100 gram
- gesmolten kaas - 200 g
- ui - 1 krop
- olie - 40 gram
- tomatenpuree - 1 eetl.
- peterselie

METHODE VAN VOORBEREIDEN

1. Kook de pasta in gezouten water en giet af. Hak de ui fijn en fruit deze in hete olie.
2. Voeg op het einde de tomatenpuree toe en bak mee. Voeg aan het resulterende mengsel de pasta en fijngehakte roomkaas toe.
3. Roer het mengsel door en bak een paar minuten in de oven. Bestrooi met fijngehakte peterselie en serveer.

78. Spiralen van asperges en kaas

NOODZAKELIJKE PRODUCTEN

PANNEKOEKEN

- bloem - 1 theel. (150 g) zout - naar smaak eieren - 2 st.
- boter - 2 eetlepels, gesmolten + extra om de pan in te vetten

VULLING

- spinazie - 400 g, zonder steeltjes
- asperges - 500 g, jong, mals
- geitenkaas - 3/4 theel. (180 g), geit
- ricotta - 1 theel. (250 g) ricotta
- zout - naar smaak
- nootmuskaat - 1/8 theel.

- room - 2/3 tl, vetarm
- boter - 1 el, in stukjes
- parmezaan - 3/4 (90 g)

METHODE VAN VOORBEREIDEN

1. Pannenkoeken: Zeef de bloem samen met het zout in een middelgrote kom. Klop de eieren los met de suiker. Voeg geleidelijk de melk en de gesmolten boter toe. Het deeg wordt geroerd tot het glad is, waarna het een uur moet staan. Bestrijk de pan met de resterende olie. Met een pollepel uit de pan scheppen en in de pan gieten. Elke pannenkoek wordt aan beide kanten gebakken, zorg ervoor dat hij niet verbrandt.

2. Vulling: Kook de spinazie met de asperges in gezouten kokend water tot ze zacht zijn. Uitpersen en in dunne plakjes snijden. Meng de spinazie, asperges, geitenkaas en ricotta in een grote kom. Bestrooi met zout en nootmuskaat. Elke pannenkoek wordt gesneden tot 2,5 cm. De oven wordt verwarmd tot 200 graden. Vet een ovenschaal in met olie. Schik de gesneden pannenkoeken. Schenk de room erbij en besprenkel met de boter en

bestrooi met Parmezaanse kaas. Bak ongeveer 15 minuten, tot ze bruin zijn.

Heet opdienen.

79. Swiss roll met mascarpone kaas

NOODZAKELIJKE PRODUCTEN

- Koekjes - 2 pakken gewone
- verse melk - 100 liter
- Rum - 50 liter
- Mascarpone - 500g
- Melk - 200g gecondenseerd
- Amandelen - grof gemalen 100 g

METHODE VAN VOORBEREIDEN

1. Meng de koude melk met de rum en roer. Meng de kaas ook met de gecondenseerde melk tot er een schuimige room ontstaat.
2. Leg folie en leg er 9 koekjes op - 3 rijen van 3 koekjes. Besprenkel met rummelk en bestrijk met room. Leg er vervolgens een tweede rij koekjes op, bestrooi opnieuw en smeer de room totdat de producten op zijn. De laatste laag moet crème zijn.
3. Gebruik de folie om de zijrijen koekjes op te tillen zodat ze een driehoekige rol worden (de middelste 3 koekjes moeten op de bodem blijven).
4. Vorm het, knijp in de zijkanten van de folie en trek het strak. Leg de rol in de koelkast om hem strak te zetten. Doe hetzelfde met de rest van de crème.
5. Verwijder voor het serveren de folie en verdeel de resterende room aan alle kanten van de rol.
   Voeg de amandelen toe.

80. Gebakken bananen met Parmezaanse kaas

NOODZAKELIJKE PRODUCTEN

- bananen - 6 stuks. Parmezaanse kaas - 100 g (geraspt) paneermeel - 1 eetl.
- boter - 2 eetlepels
- zwarte peper - $\frac{1}{2}$ theelepel zout - $\frac{1}{2}$ theelepel.

METHODE VAN VOORBEREIDEN

1. Schil een banaan en rasp hem.
2. Schik in een met olie ingevette pan en bestrooid met zout, zwarte peper, paneermeel en kaas.

3. Bak 10 minuten in de oven op 220 graden.

81. Aubergine kaviaar en kaas

NOODZAKELIJKE PRODUCTEN

- kaas - 1/2 theel. gebroken ☐ aubergines - 3 st.
- olie - 4 el.
- knoflook - 4 teentjes
- azijn - 2 el. ☐ tomaten - 1 st.
- eieren - 1 gekookt

METHODE VAN VOORBEREIDEN

1. Aubergines worden geroosterd en gepureerd.
2. Voeg geleidelijk de olie, geperste knoflook, kaas en azijn toe.
3. Alles gaat heel goed kapot. Spreid het mengsel uit op een bord en strijk glad.
4. Snijd de tomaat en het ei in cirkels en versier de puree ermee.

82. Focaccia met kaasvulling

NOODZAKELIJKE PRODUCTEN

FOCACCIA DEEG

- gist - 25 g of 2 zakjes van 7 g, droge ☐ suiker - 1 theel.
- water - ¾ kopje (200 ml), warm
- bloem - 3 1/3 theel. (500), meestal + ½ theelepel. (75 g), om op het bureaublad te strooien
- zout - ¾ theelepel
- water - 1 theel.
- olijfolie - 6 el.
- kaas - 1 1/4 theelepel. Stracchino of zachte kaas + 1 eetl. melk

METHODE VAN VOORBEREIDEN

1. Kneed het deeg met 4 eetl. van olijfolie. Laat ongeveer een uur rijzen. Vet een ovenschaal met afmetingen (25 x 38 cm) in.
2. Het deeg wordt in twee delen verdeeld en in twee delen gerold volgens de bakvormen. Een deel wordt overgebracht naar het formulier.
3. Verdeel de kaas erover, laat een lege strook van 1 cm langs de rand en verdeel de rest van het deeg. Sluit goed af en laat nog 30 minuten rijzen.

83. Geroosterde tomaten met Parmezaanse kaas

NOODZAKELIJKE PRODUCTEN

- tomaten - 4 stuks.
- Parmezaanse kaas - 4 el. (geraspte kaas)
  eieren - 8 st.
- paneermeel - 4 el.
- boter - 3 el.

METHODE VAN VOORBEREIDEN

1. Tomaten worden gehalveerd en de binnenkant is uitgehold.
2. Klop in elke helft een ei en bestrooi met kaas en paneermeel.
3. Doe een stukje boter en schik de tomaten in een ingevette pan.

4. Bak in een voorverwarmde oven van 200 graden.

84. Pizza met kaas en aardappelen

NOODZAKELIJKE PRODUCTEN

PIZZA DEEG

- gist - 25 g, vers of 2 zakjes (elk 7 g), droog
- water - 2/3 theelepel. (150 ml), warm
- bloem - 3 theel. (450 g), meestal = ½ theelepel. (75 g), om op het bureaublad te strooien ☐ zout - ½ theel.

VULLING

- aardappelen - 200 g, 1/4, in blokjes geplet
- Emmentaler - 60 g, in blokjes

- brie - 60 g, in blokjes
- olijfolie - 1 eetl.
- zout - naar smaak
- rozemarijn - 1 eetl
- Parmezaanse kaas - 1/2 theel. (60 gram)

METHODE VAN VOORBEREIDEN

1. Het deeg wordt gemengd met de aardappelpuree en laat het ongeveer anderhalf uur rijzen. Een pizzapan met een diameter van 30 cm wordt ingesmeerd met plantaardig vet.
2. Als het deeg klaar is, kneed het 1 minuut en druk het plat in de bakvorm. Bestrooi met emmentaler, Brie-kaas en aardappelen.
3. Zout en bestrooi met rozemarijn en Parmezaanse kaas. Laat ongeveer 30 minuten staan. Verwarm de oven voor op 220 graden. Bak ongeveer 25-30 minuten.

85. Risotto met raap en kaas

NOODZAKELIJKE PRODUCTEN

- ui - 1 kop, fijngehakt
- rapen - 200 g, fijngeschild ▢ boter - 2 eetlepels ▢ olijfolie - 1 el.
- risotto - 1 1/2 theel.
- witte wijn - 4 el.
- bouillon - 3 theel. (750 ml), groenten
- zout - naar smaak
- zwarte peper - naar smaak
- kaas - 150 g, Teleggio of Mozzarella

Fruit de ui en raap in de olie en olijfolie ongeveer 10 minuten. Voeg de rijst toe, onder voortdurend roeren.
2. Voeg geleidelijk de wijn- en groentebouillon toe, in porties van 1 tl. Laat 20 minuten sudderen.
3. Zout en bestrooi met zwarte peper en Teleggio kaas, mozzarella of andere kaas naar keuze.

METHODE VAN VOORBEREIDEN

1.

86. Kaas met paprika in een braadpan

NOODZAKELIJKE PRODUCTEN

- kaas - 300 g koe boter - 50 g koe ☐ tomaten - 3 st.
- paprika's - 5 stuks. zoet + 5 pittige ☐ rode peper - 1/2 theel.

Snijd de kaas in stukjes en verdeel ze in potten, garneer met tomatenringen en gehakte voorgeroosterde en geschilde paprika's.
2. Bestrooi met een beetje van de gesmolten boter, doe de deksels erop en laat ze bakken.
3. Voeg de gehakte hete pepers en de resterende gesmolten boter toe, gebakken met rode peper. Bak opnieuw en serveer.

METHODE VAN VOORBEREIDEN

1.

87. Eier- en kaassoep

NOODZAKELIJKE PRODUCTEN

- bouillon - 750 ml kippenbouillon ▫ eieren - 1 st.
- kaas - 4 el. verkruimelde kaas ▫ peterselie - 1/2 eetl.
- groenten - 2 el. droog
- noedels - 1 - 2 handenvol, optioneel

Zet de bouillon op het vuur aan de kook. Voeg er het losgeklopte ei aan toe.
2. Voeg voor een betere smaak van de soep gedroogde groenten en noedels toe. Haal na 10 minuten van het vuur en giet in twee kommen.
3. Zet 2 eetl. geraspte kaas in elk, bestrooi met peterselie en serveer warm.

METHODE VAN VOORBEREIDEN

1.

88. Thracische kaas-eieren

NOODZAKELIJKE PRODUCTEN

- kaas - 200 g ▯ eieren - 8 st.
- verse melk - 400 ml
- peterselie - 1/2 aansluiting
- boter - 8 g
- bloem - 30 g
- peper
- zout - naar smaak

Klop de eieren los en voeg de bloem, het zout, de fijngehakte peterselie en de rest van de verse melk toe, verdund met een beetje koude melk.

2. Giet het mengsel na het roeren in een met boter ingevette pan. Bestrooi met geraspte kaas, voorgesmolten boter en zwarte peper.
3. Bak het gerecht in een matige oven roze. Serveer onmiddellijk. Indien gewenst kunt u versieren met peterselie en tomaat.

METHODE VAN VOORBEREIDEN

1.

89. Pudding met bloemkool en kaas

NOODZAKELIJKE PRODUCTEN

- bloemkool - 700 g geschild
- eieren - 4 stuks. + 2 eiwitten
- boter - 60 g
- kaas - 100 g hardgekookt
- paneermeel - 50 g
- boter - om te smeren + paneermeel bestrooi de vorm

Giet de bloemkool in kokend en gezouten water, kook tot bijna zacht, giet af en hak fijn.
2. Klop de boter met zout, voeg de dooiers toe, dan de bloemkool, geraspte kaas en gezeefd paneermeel. Meng tot slot met de opgeklopte eiwitten.
3. Giet het mengsel bij een ingevette en gepaneerde ovenschaal. Zet de bloemkoolpudding in een lage oven te bakken.
4. Traditioneel wordt de pudding geserveerd met gekookte aardappelen of aardappelpuree en groentesalade. Pudding van andere groenten, zoals kool, wordt op dezelfde manier bereid.

METHODE VAN VOORBEREIDEN

1.

90. Salade met aardappelen en kaas

NOODZAKELIJKE PRODUCTEN

- kaas - 250 g
- augurken - 2 stuks
- aardappelen - 2 stuks, gekookt met de schil
- ui - 1 krop
- olie-
- zure room
- mosterd-
- azijn
- knoflook - fijngesneden
- peper

METHODE VAN VOORBEREIDEN

1. Snijd de komkommer en geschilde aardappelen in reepjes. Snipper de ui, rasp de kaas of gele kaas indien gewenst.
2. Meng de komkommers, aardappelen, kaas en voeg de overige ingrediënten en kruiden toe.
3. Roer de salade voorzichtig om en serveer na 30 minuten.

91. Kaas- en hambroodjes

NOODZAKELIJKE PRODUCTEN

- bladerdeeg - diepvries 500 g.
- ham - 100 gr.
- kaas - 100 gr.
- augurken - 2 stuks.
- olijven - 5 st.
- mayonaise - 1 theel.
- room - zuur 2 el.
- mosterd - 1 tl
- ui - vers 1 stengel ☐ peterselie - 3 eetl.

METHODE VAN VOORBEREIDEN

1. Ontdooi het bladerdeeg in de koelkast. Verwijderen, uitrollen en in vierkanten snijden met een zijde van 6 cm. Elk vierkant wordt volgens het schema met een scherp mes gesneden. De afgesneden hoeken worden met een beetje koud water aan de andere kant gelijmd.
2. Leg de emmers op grotere afstand in een met bakpapier beklede bakplaat en bak ze in een voorverwarmde oven op 200°C. Als ze rijzen, haal je ze uit de oven en het middengedeelte en druk je de randen aan met een kleine lepel. Ze worden opnieuw gebakken. Als ze goed rood kleuren, haal je ze eruit en druk je ze zo nodig nog een keer in het midden aan tot een kopje. Laat afkoelen.
3. Mayonaise wordt gemengd met room, mosterd en fijngehakte verse uien. Voeg de gehakte ham, kaas, in blokjes gesneden olijven en fijngehakte augurken toe. Breng indien nodig op smaak met citroensap, peper en zout.
4. Vul de kommen met de resulterende vulling en bestrooi met gehakte peterselie.

5. Idee - de afgewerkte struiken kunnen worden bestrooid met fijn geraspte gele kaas en stukjes komkommer

92. Broccoli met gestoomde kaas

NOODZAKELIJKE PRODUCTEN

- broccoli - 1 kg
- kaas - 20 - 100 g geraspt
- boter - 100 g koe
- eieren - 2 dooiers
- citroensap

METHODE VAN VOORBEREIDEN

1. Verdeel de broccoli in rozen en verwijder de stelen.
2. Schil de afgesneden stengels en snij ze door.
3. Snijd grotere bloeiwijzen in de lengte door.
4. Doe alles in de stomer en kook 10 minuten zodat ze hun kleur behouden.
5. Voeg bij het serveren zout toe en bestrooi met geraspte kaas.
6. Klop voor de saus de dooiers los met 2 el. lauwwarm water. Voeg boter toe en roer. Verwarm tot het romig is, maar laat de saus niet koken.

    Breng op smaak met citroensap en zout.

93. Dooiersoep met kaas

NOODZAKELIJKE PRODUCTEN

- bouillon - 1,25 liter kip
- eieren - 4 stuks. dooiers
- kaas - 120 g
- peper

METHODE VAN VOORBEREIDEN

1. Scheid de eidooiers en klop ze samen met de fijngehakte kaas. Verwarm ze op zeer laag vuur tot de kaas smelt.
2. Voeg onder voortdurend roeren geleidelijk de kippenbouillon toe. Verwarm bijna tot het kookpunt.
   Haal van het vuur en serveer.
3. Breng desgewenst op smaak met zout en peper en bestrooi met een beetje fijngehakte peterselie.
4. Vanaf nu kun je naar keuze vis, kip of ander vlees aan de soep toevoegen.

94. Ovenschotel met quinoa en kaas

NOODZAKELIJKE PRODUCTEN

- quinoa - 150 g
- water - 3 theekopjes □ zout - 1/2 theelepel □ eieren - 2 st.
- tofu - 200g
- kaas - 100 g hard
- gele kaas - 70 g □ tomaten - 1 st.
- peper

Giet de quinoa met gezouten water, breng aan de kook en kook op laag vuur ongeveer 15 minuten. Klop intussen de eieren los en voeg de geraspte tofu, zout en peper toe.

2. Meng de quinoa met het eiermengsel, meng goed, bedek met plakjes gele kaas (of Camembert) en schik de plakjes tomaat erop en bedek met geraspte harde kaas.

3. Bak het gerecht ongeveer 15-20 minuten in een voorverwarmde oven van 180 graden. Serveer bestrooid met peterselie.

95. Spinazie met ui en kaas

NOODZAKELIJKE PRODUCTEN

- spinazie - 800 g
- groene uien - 1 link

METHODE VAN VOORBEREIDEN

1.
- kaas - 120 g ☐ yoghurt - 100 g ☐ bloem - 1 eetl.
- knoflook - 1 bosje vers
- citroensap
- olie-
- peterselie

Uien, knoflook en spinazie worden in grote stukken gesneden en ondergedompeld in kokend gezouten water, vervolgens uitlekken en malen. Klop de zure melk met bloem en zet het in brand.

2. Voeg de gemalen producten, citroensap, olie, zout en gehakte peterselie toe aan de reeds kokende saus. Roer constant en voeg als laatste de geraspte kaas toe.

96. Varkenssteaks met gesmolten kaas

NOODZAKELIJKE PRODUCTEN

- varkenskoteletten - 6 stuks. kotelet of nek

VOOR DE SAUS

- ui - 1 ui
- verse melk - 300 ml
- gesmolten kaas - 6 stuks driehoekig
- bouillon - 1 kalfsblokje ▯ bloem - 2 el.

Ham de karbonades met een hamer, zout ze aan beide kanten en leg ze op de bodem van een braadslee.

METHODE VAN VOORBEREIDEN

1.
2. Rasp de ui en zeef het sap door gaas. We hebben ongeveer 2-3 eetlepels nodig. De melk wordt opgewarmd.
3. Bestrooi met het gekneusde blokje runderbouillon en meng goed. Ze voegen stukjes gesmolten kaas, uiensaus en bloem toe en mixen alles tot een gladde saus.
4. Giet de aromatische saus over de karbonades en bak in een voorverwarmde oven van 180 graden in ongeveer 45 minuten gaar.

97. Peper- en kaassoep

NOODZAKELIJKE PRODUCTEN

- kaas - 100 g

- bloem - 1 eetl
- paprika's - 5 stuks. rode ☐ knoflook - 2 koppen ☐ olie - 2 el.
- peper
- room - 3 - 4 el. gefermenteerd

Snijd de ui en paprika fijn en kook ze in gezouten water tot ze zacht zijn. Haal van het vuur, zeef en breng terug aan de kook.
2. Het is tijd om de geraspte kaas door de bloem te rollen en in de hete soep te doen. Laat op laag vuur nog 15 minuten sudderen.
3. Serveer de soep met 1 eetl. zure room en zwarte peper.

METHODE VAN VOORBEREIDEN

1.

98. Kaas- en sesamtaarten

NOODZAKELIJKE PRODUCTEN

- bladerdeeg - 1 pak.
- kaas - 200 g Feta (of ander wit) ☐ eieren - 2 st.
- gele kaas - 1 theel. geraspte sesamzaadjes - 1 theel.
- boter - 1 1/2 theel.
- peterselie - 1 aansluiting
- munt

Schil een pompoen, rasp hem en hak hem fijn. Meng het met de losgeklopte eieren, gehakte munt, geraspte gele kaas en de kaas die je met een vork hebt geplet. Voeg een beetje zout en peper toe.

2. Spreid het afgewerkte bladerdeeg uit en snijd het in reepjes van 5-6 bij 30 centimeter. Breng veel olie aan op het oppervlak. Giet aan het einde van elke strip 1-2 theelepel. vulling, vouw dan de rand om een driehoek te krijgen. Knip het uit de tape en druk de randen aan.

3. Herhaal dit totdat de producten op zijn. Schik de afgewerkte taarten in een vooraf ingevette pan. Bestrooi met sesamzaadjes en spray lichtjes met water.

4. Zet ze in een voorverwarmde matige oven en bak ze ongeveer 15-20 minuten.

METHODE VAN VOORBEREIDEN

1.

99. Courgettebroodjes met kaas

NOODZAKELIJKE PRODUCTEN

- courgette - 2 st. ▢ bloem - 2 theel.
- eieren - 3 stuks ▢ yoghurt - 1/2 theel.
- bakpoeder - 1 theel.
- kaas - 150 g
- knoflook - 5 teentjes
- dille - 1/2 aansluiting
- peterselie - 1/2 aansluiting
- peper
- olie - voor oliebad

  Schil de courgette en rasp ze op een middelgrote rasp.
2. Voeg de losgeklopte eieren, bloem, kaas, gehakte knoflook, dille, peterselie en yoghurt

toe waarin we de frisdrank hebben opgelost. Kruid met zwarte peper en zout.

3. Roer het mengsel goed door en laat met behulp van een geoliede lepel de voorbereide courgettebroodjes met kaas in een heet oliebad zakken.
4. Serveer de groentebroodjes op slablaadjes en takjes peterselie.
5. Heerlijke broodjes voor liefhebbers van vleesloze recepten.

100. Geroosterde kaas in een druivenblad

NOODZAKELIJKE PRODUCTEN

- kaas - 500 g, wit gepekelde tomaten - 2 st.
- wijnbladeren - vers

METHODE VAN VOORBEREIDEN

1.
- oregano - 1 snuifje
- ui - 1 st. rood
- olijfolie
- brood
- knoflook

Snijd de kaas in kleine stukjes. Als de wijnbladeren groter zijn - volgens hen. Snijd de tomaten en uien. Kruid de tomaten met een snufje oregano en zout.

2. Leg op elk blaadje een stukje kaas, een stukje tomaat en een plakje ui erop. Besprenkel met een paar druppels olijfolie. Wikkel het blad in een pakket.

3. Leg de voorbereide wijnstokpakketten op een verwarmde grill en bak 2-3 minuten aan elke kant. Sneetjes brood roosteren.

4. Wrijf ze warm met een teentje knoflook en giet er olijfolie over. Leg op elk plakje een pakje wijnbladeren met kaas. Besprenkel

opnieuw met een paar druppels olijfolie. Schik op een passend bord en serveer de gebakken kaas! Zeer smakelijke tosti's met een vleugje Mediterrane keuken!
5. Veel plezier met Geroosterde kaas in een wijnstokblad!

CONCLUSIE

Kaas wordt voornamelijk gemaakt van koemelk, maar kan ook gemaakt worden van geiten- of schapenmelk. Camembert, Emmentaler, kwark, ricotta, Brie, Gruyère, Parmezaanse kaas, Mozzarelle en andere populaire variëteiten zijn Camembert, Emmentaler, kwark, ricotta, Brie, Gruyère, Parmezaanse kaas, Mozzarelle en anderen. Verschillende kaassoorten worden gebruikt om veel kaasrecepten af te ronden en te verfijnen.

Sommige kaasgeuren kunnen erg sterk zijn, dus het bewaren van kaas is uiterst belangrijk. Kaasfondue en raclette zijn twee van de bekendste kaasrecepten. Warme, koude en zoete kaasgerechten kunnen ook worden bereid en

METHODE VAN VOORBEREIDEN

1.
geprobeerd. We zijn ervan overtuigd dat we het perfecte kaasrecept voor u hebben.

www.ingramcontent.com/pod-product-compliance
Lightning Source LLC
Chambersburg PA
CBHW050359120526
44590CB00015B/1752